나비 증상

나비 증상

시인수첩 시인선 094

함태숙 시집

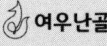 여우난골

| 시인의 말 |

책은 하나의 사건이다
페이지 페이지 의미를 분할한다
나는 거기 애벌레처럼 끼인 것
체액 같고 무늬 같은 것

2025년 3월
함태숙

| 차례 |

시인의 말 · 5

1부

나비 증상 · 13

킴벌리 소년 · 14

허공의 훈련병 · 16

스틸링 · 18

캔버스를 뚫고 나가는 그녀 · 22

너의 이름은 · 24

직접 민주주의를 위한 장미 · 26

천공의 잔 · 30

은색 지구 · 32

오뜨 꾸뛰르의 유령 · 34

동시성 · 38

오뜨 꾸뛰르의 사랑 · 40

2부

꿈의 시점을 관람한다 · 47

사과를 바랍니다 · 48

투명한 육식 · 51

연인의 부고 · 54

해변의 케이크 · 58

설형 · 61

2월 20일 · 64

순간에서 영원 사이 B의 할 일 · 66

밤의 식목 · 69

여름 종화 · 72

감자 행성 · 75

인왕의 방향 · 80

유리 노마드 · 83

시 · 88

얼굴 안의 속도 · 92

항공 봉투 · 94

사랑을 조립하다 · 96

3부

월아천 · 101

뤄양을 지나다 · 102

서진 화상 전묘 · 104

룽먼 · 107

남곽사 여름 · 110

이로(二老) · 112

마이지산 · 113

밤 속의 낙양 · 114

용문 석굴 · 117

붉은 방의 붉은 석류 · 118

4부

을불을 보다 · 123

패왕 · 124

신기루 같아 · 126

둔황객잔 · 129

잃어버린 팔찌 · 134

잃어버린 모자 · 137

낙고굴로부터 · 140

샤오핑요 · 144

테라코타 영혼 · 146

5부

있다 · 151

잡다 · 155

먹다 · 159

보다 · 164

듣다 · 166

가다 · 170

산문 | 함태숙

1974년 6월 경포 · 173

1부

나비 증상

비유에 잡히지 않으려고 존재는
떨고 있다 물과 빛과 응시에 반응하며
머리끝에서 발끝까지가 하나의 심장
자기를 꺾으려 올라오는 나르시스의
꽃처럼 깊고 축축하고 입술처럼 포개진
언어를 달고 있다 그의 오래된 증상들을

킴벌리 소년

열 손가락과 열 개의 발가락이 썩어가네요
뭉개지네요 세계는 달의 환처럼 길을 둘둘 말아 올리고 흐릿하게 밤의 평면을 갖습니다 모든 장소에서 도달하는 한 줌의 기억처럼

배선에 물줄기를 이어 옵니다 길고 긴 눈동자에서 끊임없이 물줄기를 대어주네요
열 손가락과 열 개의 발가락 위로 흐르는 무성의 노래네요 가늘게 이어지는 거친 슬픔이네요 다 흐르고 섬유질만 남은 몸이란

여기 폭력을 가해서 변형되는 형질이 있다면 몽글거리며 오르는 하얀 피처럼 극약을 삼킨 빛처럼 마비된 채 굳어가는 하얀 동작들 하얀 가위 아래 분절되는 언어처럼

열 손가락과 열 개의 발가락이 썩네요 투명하게 이어지는 하루들이 한꺼번에 몰락하는 바로 그 얼굴이네요 모든 어둠에서부터 떠나 온 밤의 더미들처럼 부재의 표

면들처럼

 그러나 왜 뛰고 있을까요 팔딱팔딱 무한의 기계처럼 잘리고 썰려도 심장은

 눈물에서 기다랗게 굴러 나오는 눈동자들 하얀 뜰채에 펴 보네요 잘 마르고 있을까요 열 손가락과 열 개의 발가락 쿵쿵 찧으며 하얀 죽음을 제작하는 마음 보이실까요

 하기 전에 무서워 말자 다독이며 다독이며

 무서울까 심장을 하얗게 뽑아내고 다가오는 소년의 캘린더

허공의 훈련병

우리는 머리 대신 바람을 지네처럼 무수한 발을
우리는 우아하게 우리는 우연의 부름 속으로
신들이 그의 척추를 만들고 웨이브를 발명하듯이
춤추듯 흰 고운 모래사장의 도열한 빛의 갈채 속으로
서로 다른 리듬으로 진화한 두 개의 종처럼
새들의 부리에 호기심을 앞장세운 두 개의 구령으로
다른 지구의 평평한 연병장 위를
태양과 평행한 구보 속으로
우리는 머리 대신 소란한 별들과 모든 표정으로 돌아오는
각기 다른 날씨를
우리는 공처럼 서로에게 중력을 건네고 휘어져 서로의 꿈속으로
음표로 서로를 합의하지 우리는 말하지 않고 우리는 키득거려
우리는 머리 대신
다족류로 우리를 묶고 음악을 보여주듯이 하나의 길을 연주하고

금관과 타악을 울리며 멸종한 종들이 따라 나오는
우리는 부드럽고 거대한 돛과 무력한 은빛 튜브를 달고
다만
우리는 네가 좋아 네가 좋아 군번도 없이
탱크보다 폭탄보다 얼차려보다
무시무시한 평화
작은 하나의 입김에도 끝없이 걸어가는
너의 완전 군장 속에는
신이 의탁한 것들이

오직 너는 순명하고 검은 해변을 토하고 너는 무수한
발 속에

스틸링

우린 미학적으로 싸우는 거 같아
지구는 책상처럼 평— 평— 한 평— 면
주정뱅이의 맞은편

네게 리듬이 있다면

의무를 이행하는 궤도 위에
조석의 차이를 만질 수도 있겠지
네가 만든 것들
가장 먼 거리에서 촉지하는 손가락들을

명신아 증식하는 리비도를
모두 화폐로 바꾼 진정한
물신아

성역을 암처럼 매달고
단어는 자기 절정을 숨기네

하얀 그림자를 이마에 붙이고 우린 감각을 오려 붙이고
덩어리진 죽처럼

사건이 다 무너지고 난 후에야 드러나는 기관들을 줍
는다
저것은 눈
저것은 입
저것은 귀

머리에 숲을 심고 숯을 그리고 공간을 휘고
벨트를 풀고 무척이나 구체적인 너의 얼굴이 등장하네

방울을 흔들고 오방을 치며
법의 분신사바는 살아 있다

네가 묻어 있는 왼편을 털어 오른편은 생성됐지
균형을 맞추기 위해 얼마나 조심스레
자기 몸의 소량을 덜어냈을까

스푼을 쥐고
행위는 계속 된다 자기를 잊지 않기 위하여 밤을 휘저어

모든 곳에서 증식하기 위하여
모든 곳에서 영도를 선언하는

너는
시간의 중독

모든 포즈와 모든 환상과 모든 통치를
구현하고 싶다
남근의 릴레이 위에 사정 끝의 한 방울처럼

죽음에 탄성을 섞고 싶을 뿐이지

그러니까 너의 얼굴로만 픽셀된 지구야

납작한 종이 위에

술주정뱅이의 노래가 닿는 그곳에

구겨진 죄처럼 번져가는 독립적인 빛들을 바라볼까
우린 미학적으로 겨루는 중이지

그러니까 아름다움은
증상이 없으면 질병이 아니니까

자동기술로 너를 써 내려가고
핑크 카우치 위엔 진흙 같은 잠이 흘러내리고

소멸되는 것 같니? 그래, 아트만이 진정한 아트만이지

캔버스를 뚫고 나가는 그녀

질료는 입자인가 관념인가 질문은 전승됩니다 이것은 꽃이 아니고 속도가 아닐 테니까
형상에 지지해 줄 많은 손들이 실패를 반복해 줄 투명한 중독들이

거친 동굴의
섬유질처럼

형태를 잡고 있습니다 소재는 중요합니다 가연성인지 형상 합금 신 미래인지
표면에 반영된 시선의 정면성을 옹호합니다

외부를 만드느라
입술이 뾰족해지는 비분절적 질문들

노래를

공허와 맞바꿀 수 있는지

날개를 삭제한 가능성의 심연을 인상주의풍으로 옮기고 싶습니다만

인터내셔널 코발트가 돌아옵니다
신을 대행하여
블루에 대한 하나의 의견으로

동시대의 낮빛이 이렇게 달라질 수 있는 겁니까
동시대성이란 또 뭐란 말입니까
관념인가요 입자인가요

진흙처럼 밀려옵니다

파국이 얼굴로

돌아봅니다 센춰리의 여음이 닿는 곳까지

감내하는 것입니다 당신의 물질성을 나의 사지에서 돋아나는 불가항력을

너의 이름은

밤의 강엔 붉은 스티치처럼 빛이 떠 있고

창은 비문증을 앓는 세계의 각막 창틀을 붙잡고 시간은 우는 것 흘림체로 쓰여진 서로의 내면 직립하는 건기의 강바닥

물고기는 죽은 이의 언어로 쓰여진 동그라미와 네모와 삼각형의 잇단음 영원은 소근육을 움직이며 너의 눈동자 속으로

장애의 신들이 서로를 놓친 손 아래 흘려보내는 물결들 눈썹 아래 새들의 날개뼈 육각으로 나뉘어지는 입자들 우리는 울기 위해 기울어지는 신체 흙 속의 구근처럼

두근거림을 넣어주려고 심장의 형태로

끊기지 않는 사슬을 이으며 강은 모든 밤을 끌어와 흐르고 인류는 눈꺼풀 속에 너의 꿈을 헹구고 죽은 채로

태어나는 빛 그러므로 그림자가 없는 영원의 정오가 헤엄치며 다가온다 건기의 강바닥을 움직이는 물의 뿌리로 하여금

  우리가 사막처럼 사랑의 화석을 품을 수 있게 팔딱이는 행성을 혀 밑에 숨기고 가만히 나아가 나란히 나아가 빛의 동굴 속으로

  한 사람이 들어갔다 나오기를 숨죽여 기다려
  수면처럼 반짝이는 아침을 서로의 창에 걸어주게
  수근아, 무엇인가가 자꾸 여기 와서 섞인다

직접 민주주의를 위한 장미

투명 실린더 안에 있었죠
측량하고 싶은가요
이 시대를

눈금의 영도는 사회적 온도일까요
유토피아라면 이 모든 것이 모조리 가짜이겠지만요

 난처한 듯 그러나 진심을 다한 어색함으로 앞섶에 찌른 손을 빼서

 우리는 한계에서 각자의 얼굴을 주워요

 체처럼 밀림의 손가락들이 다 잘려나가고
 극동의 드럼통 안에서 발견된 피해자의 사라진 지문 같은 불가항력의 손가락으로

 누구를 증언합니까
 물결은 무엇을 삼키고 무력한 표면입니까

저는 시간의 중독을 시간의 의지로 읽고 싶지 않습니다

투탕카멘의 관처럼 일어선 투명한 벽 속에
두 팔을 엑스자로 (상징은 크리스트인가요? 종교적 상상력도 우리를 열등하게 유목화시킵니다)

노끈처럼 꽁꽁 당신의 심장을
신들의 반대편으로

입김으로 다차원을 생성할 수 있는 거라면 당신은 인간을 선택하고
당신은 교환 없는 사랑을
당신을 지향하는 외부의 경계 속으로 피 흘리는 가시를 가시화하고
당신은 기준점 없는 실린더 안에

죽음의 표본처럼
하나의 개념이 되겠지요

전체를 다 바쳐
얻은 하나의 오류

뿌리를 커팅한 직립이 가슴 아픕니다만
그것이 우리들의 패배는 아닙니다

물이
물이 필요합니다

쓸쓸한 광기로
광기의 쓸쓸함으로 균질한 모순과 수식과 피수식의 동일한 음계 속으로
영원한 자기 폐쇄 속으로

나발니

동의합니다 이 사랑을 완성하기 위해

무력하게 돌아가는 것을
알겠죠?
무력에 굴복하는 것은 아닙니다
손가락이 뜯기고
달의 호가 진리의 상징을 부숴버리듯이 끝까지 자기의
파편을 지지하고 서 있는 것을

천공의 잔

 그 사람이 앉은 판때기는 한반도만 하다고 그 자의 방석 아래로는 검은 오일이 고이고 그 자의 눈껍질 속으로는 피 묻은 새들이 날고 그 자의 손끝에는 정책들이 예언의 형광등을 켜고 그 자의 입말은 법전과 공리를 뭉갠다 그 자의 그랜디오스는 검회색 빛 기다란 혀, 그것은 하나의 묶음처럼 뒤통수에서 뻗어 나와 허리춤으로 미끄러지고 그것은 불능을 보상하는 자기 위로 그것은 충혈된 손바닥 아래서 부풀거나 잠들며 매끈하게 길이 든다 쥐와 뱀과 충해의 역사가 턱 밑에서 달랑거린다 작은 이 같은 군대가 하얗게 포를 쏘며 매달린다 그 자의 혓바닥은 음성을 딱딱 끊으며 진실의 방식을 훼절하고 서까래가 무너지듯 울상의 눈썹 아래 자기 그림자를 숨긴다 그 자의 음영은 한반도를 덮는다 기나긴 일식처럼 일광의 깃발을 고대하는 일 그 자의 신탁은 수많은 제물 위에 재물 그 위에 세계가 어디쯤에서야 멈추는지를 실험해 보는 일 한반도가 손바닥만 하여 손금을 우그려 신의 뺨을 한번 쳐 보고 싶은 일 그러한 고아들의 동맹 갈비뼈를 드러내고 뇌에 포르말린을 적셔 투명한 시추공 안에

한 쌍의 인간을 도열하고 그 자는 미래의 사열을 받는다
가끔씩 코르크 마개를 뽑고
 가끔씩 컵에 부어 마시기도 하는 휘발성 지옥을

은색 지구

상처는 지구를 무한개로 끌고 간다
둘둘둘
슬픈 꿈을 꾸면 깨어나 복기하니까
아름다움의 트레몰로
작은 심장과 미세한 톱니 파닥이는
태엽
손톱만 한 심벌즈를 두드리며
쏟아져 나오는
소리의 묶음들
투명한 막 위로 이주한다
우리가 하는 모든 것들이 한 방울의 위로
그러니까 물의
탄생
비 온 후 토란잎 위를 끝없이 구르는 그런 환영
부고를 내지 않아도 꽃은 폭설을
데려왔지 빛은 흐느끼며 번지는 화려한 정원 깨어나면 잊지 않기 위해
 똑같은 지구를 굴리고

어쩌면 빗방울이 후두둑 듣는다
한번 찢어진 가슴들처럼 토란대를 들듯이
얼굴을 활짝 펴듯이
눈동자를 기억해 내고
우리는 바라보는 일부터 시작할 것
그러면 다시 처음이 등장하지
그 하루가
각운을 맞추며 끝과 끝의 포개짐을 만지며
아! 아름답다
찢어진 벽지의 드러나는 벽처럼
거기 걸린 액자 안에
터치 안 한 시간의 순수처럼
무한개의 지구는
무한정한 심정으로 파편의 심장으로

오뜨 꾸튀르의 유령

옷! 옷을 사고 싶다 더럽지 않은 옷
집을 팔아서? 그게 미학적 도구라면 옷을!

지구는 누드였다

실루엣과 디테일이 필요했지
사건이

그래, 사건을

잠재적으로 실현하고 있는
동작이
동작의 예후가

미래가 착착 내 몸에 감겨
나를 변론해
나 없이도

그래! 내가 죽기만을 —

런 런 런 어웨이
달려
피부로부터
영혼아

너의 영감을 사겠어 지구를 팔아서라도

오늘 마포대교 난간에 뽕이 이빠이
투명한 차원의 곡선
그걸 입고 휘청거려라

휘청거림의 워킹을 개발하라
패션아
솟아라! 부랑의 에포크여

벗겠다

씨발 영혼을 강변에 던지고
씨발 시대의 제도를 기꺼이
입어주리
패션
코르셋
패션

비가 내리네 빗물은 일렬의 물방울 다이아로 박아야지
나의 텍스춰 위로

걷고 싶어 두 개의 유방을 흔들며 돌아오는
환각의 두 헤드라이트처럼

사고 싶어
나의 죽음 이후를
유령을

유령의 텍스트를

동시성

 이 일은 시간에 속하지 않은 일이다 미래와 추억이 한 자리에 앉아 있었다 소리는 소거되고 물체는 윤곽을 다 제시하지 않는다 그녀는 사소한 동작을 하고 있었다 저 아래로는 사람들이 모여들었다 나는 문장을 읽듯이 장면을 기억하고 있다 그녀는 이따금 우리가 앉은 바위에 성냥을 긋고 건너편 암벽 위에는 빛이 생겼다 그녀는 동시성을 보여주고 (그럴 필요까지 있을까) 내게 성냥을 그어보라 하였다 여기가 저기다 라고 생각하면 저기는 여기가 되는 거라고

 나는 자세히 보려고 광물의 질감과 입자와 색소를 강렬하게 상상하였다 성냥개비는 저쪽에서 그어지고 한 사람의 혼이 흔들리며 올라왔다 생일 케이크 위에 초처럼 빛들이 세워졌다 그녀는 내게 신격을 전수했고 나는 깊고 어둑한 건너편에 모든 빛을 다 꽂고 일어났다

 나는 흔들리는 군중 나는 뜨거운 팔다리를 하고 징표처럼 흘러내린다 오직 한 사람의 의심하는 너를 위해 성

냥불을 계속 그어당기고 내 두개골 안에 빛들은 계속 터져 나가고 너는 의심하는 일을 그만두지 않는다 이것만이 불꽃을 일으키는 일임을 알고 있다는 듯이 너는 붉고 축축해지는 내 뺨을 몹시, 몹시 후려치고

오뜨 꾸튀르의 사랑

코트는 세포
코트는 리드하네
코트는 미래를

코트는 육체
괴사한 곳이 있네
코트는 알바 실밥을 뜯고

잇고 꿰매고 자르고

농담 아니야
무슨 테이블이든
다, 하우스 안의 고민
급한 것부터 가자고!
(난 잘 모르겠고……)

(음! 말이 많다)

잘 어울리는데 왜 그래
같은 걸 돌려 입을까
뭔 소리야 광고주랑 연락해야지
개인 폰부터 만들어야 해

난
내가 아니야 더이상
이 폰으로는 묶음
(피의자는 사망으로 종결된 사건)

우리가 구성하는 시대
범죄를 들고
몰입하는 밤
검정의 모자이크 이크! 피가 섞인
모자

우린 둘러앉아 고민했지
불멸의 인격을

개발하네
어떤 편중을

무게를 들어 올릴 가볍고 부드러운 소재를
유혹하는 윤곽들

우린 집중하기 위해 토르소만 남기고
자유의지로
흔들려
자유를 시각화하는 섬유로 우리를 집중해

이 모든 게 허구라고?
너는 덮고
입네
너를
너의 피부를 너의 시대를

실패하지 않았지 인간을 지우면 자유의지가 더 뚜렷해

지는
　밤을 품은
　평면의

　사랑의
　전체주의가 실현되었던 그 밤을

세포를 탈색하고 영혼은 한 마 한 단위
괜찮아
나를 덮은 이 모든 투명한 허구를

인체의 소재로
택한

사랑아 죽음이 아닌 실존은 거짓인 사랑아
너를 입고
너를 누벼야 하리 내가 사라지도록 뚜렷한
텍스춰를

그때에야 실감하니까 우리는, 우리가 모르는 것들로 돌아와

2부

꿈의 시점을 관람한다

사각의 은쟁반을 들고
생각에 미치자 뚜껑 없는 궤처럼
시신을 안치해 둔 장소처럼
모서리엔 얼룩진 체액과 다른 시대로부터 올라온 못자욱
평면을 부피로 만드는

우리는 굴러떨어지지 않고 우리는
조마조마하게 서 있지도 않고
우리는 열매 같은 잘린 목을 궁극의
식탁으로 옮기지 않아도 되고

공평하게 화면 밖에서
허리를 꺾어 네 다리를 접어

띠처럼 몰려오는 푸르스름한 환풍구 밖으로

사과를 바랍니다

사과나무의 심장은 사과입니다
사과의 심장은 사과의 전체이구요

온 세계의 휘어진 팔에는 무수한
단 하나의 심장이 달리는 것입니다

사과를 주는 것은
붉게 끈적하게 굳어지는 순간의
심장을 주는 것입니다

눈물이 심장을 찾아 내리는 빗물의
불수의의 투명한 박동이듯이
부재의 심장이 비의 끝에는 맺혔습니다

우리는 많은 색깔을 건너가다
달고 선선하게 벌레처럼
세계를 하나의 방으로 만들고

사과를 주세요

사과를 바랍니다

모든 결정의 표면처럼
밤을 베며
너의 얼굴은 점선으로 내려옵니다

너는 달빛처럼 매끈하고 창백하게
고여 있습니다
자신이 시도한 참사의 끄트머리에
고요한 정물처럼

액자 밖에서

흐르며 붉게 벌어지는 심장을
관람합니다
사과를 잃은 사과나무를

도미노처럼 쓰러지는

사과를 놓친 사과의 주검을

받아주세요 사과를
사과를 바랍니다

투명한 육식

고통과 희열은 같은 거라서
난 웃었지 울었지
중요한 건 강이 아니라 건너편이 존재한다는 것
공중에는 희거나 옅은 먹빛 뭉치들이 떠 있었고
빛은 어둠과 평행을 이루기 위해 다양한 입체물 뒤로 숨었지
가장 깊은 물속은 검게 움직이는 벽 위의 그림자
우리는 시간의 쓰레기를 집어 던지며 걸었다
자기 몸속에 병렬한 검정 심장을 바라보며
무생물의 춤을 바라보며
실존이 육체를 따라 하는 어릿광대라는 것을 알았지

또한 우리는 죽음을 창조할 수 있다고 생각하며
생각하다
중요한 것은 생각하지 않고 압도되는 우주의 보편적 질서라고 동의하는 것이다

수백 개의 발들이 하나의 방향으로 일체화되는 2열 종

대의
 마음으로
 난 항상
 그림자를 동행하며 걷곤 했지

 천변에 깨진 등껍질처럼 붙어 있는 더러운 방들 흙발처럼
 삐죽이 나와 있는 붉은 잠들
 갯물에 담가 씻어주고 싶었던 주름진 몸들

 나는
 한 번도 사랑을 동행하진 못했던 것
 문란한 기억의 문장 속으로
 넌 허물을 벗고 기다리고 있지

 난
 유방과 복부에 포크와 나이프를 꽂고
 흰 시트를 두르고

오만한 거위처럼
꽥꽥거리며

물을 건너왔지
푸드덕거리며 날아오르는 흰 털들
승천한 것들이 자기 영혼을 교육한다

나를 가르칠 수 있는 것은 오직 내 죽음뿐
너는 흰 접시만 보면 침이 흐른다
너는 심하게 달그락거린다 붉은 것은 자연의 데코야

연인의 부고

부고장이 왔다 망자의 이름인지 아니면
꿈속의 내 이름인지 하나의 고유명사만이 또렷이 펼쳐지는 망극한 밤이 왔다

하나의 주제가 끌려 나온다 조문객처럼 내가 내 문상객을 받는다 아이고 아이고 거울은 반시계 방향으로 삼배를 거듭하고 비로소 깨닫는다 영정사진의 프레임을 거울은 언제나 정직해 왔다는 것을

은평은 러브버그가 창궐하고
불이가 혐오를 훈육한다
사랑 그렇고 그런 뻔한 스토리, 투명한 칼부림 같은 거 (죽어야 진짜인데 그지?)
실제로는 너는 니밖에 모르잖아 씹새끼야
이를 악물듯
생식기를 붙이고
그래도 종교는 계도한다 정부 대신에 이것은 익충이라고
육체의 활성화에 기여하는 것들

마음의 싸리채에 존재의 접합들이 뎅겅뎅겅 우리는 다만 조개합처럼 일정한 윤곽을 지향해

일부일처를 합의하지 변형의 비효율성 그건 무늬와 노동력을 반영하는 것 근대 이래로 우리는 확장하며 근원을 드러내는 방식을 은밀히 옹호해 왔지 그런 스타일

가끔 네 사랑은 시대착오적이야

애쓰지 마 어차피, 피차 사랑이 아니란 말이지

술 먹고
토하고 스크린 도어도 없는 플랫폼에
긴급출동 119 대원과이 실갱이
고층 난간의
사진을
전송하는

온갖 가짜들로 너를 분해하고 배치해
모조리
유일한
심장을 들고나오는 각기 다른 장르들

자기를 겹으로 사용하느라
부득이 원본은 지워버렸지
이해해
어떤 가여운 아이디어만 남은 것

익충이라면서
상형문자 같은
러브버그
내가 나를 지시하는 불멸의 자세로

너는 부존을 증명해도 되는데
이 망극한 밤에

서로에게 부고를 하지 않아도

머리 대신 생식기를 쳐들고 오는 너를 세계가 너를
기만하는 거야 그것이 마음이기라도 한 듯이

해변의 케이크

물의를 빚어서 죄송합니다
나는 물의 아이

망자에게 뿌리는 제주를 받아먹고
생활 안의 흰 그림자
춤추며 일어서는 혼령들 지층을 해체하며
납작해지는 이름들

우린 언제나 첫 호명의 순간에
어리둥절한 눈코입을 달고

사랑 앞의 부활처럼

썩어서 뚝뚝 떨어지는 수족을 달고
이게 생성이라고?
난데없는 빛의 기어듦

물속에는 물을 분절하는 빛의 구획들

시간의 지느러미
기억은 물고기처럼
자기 생태계를 창조하며 미래의 시제에서 기다리네 한 방향을 응시하는 갈매기 떼처럼

모든 애도를 알고 돌아보고 계셨다니

죽자고 뛰어들면
어디선가에서
부표를 띄우며 호르라기를 부는 거지요

더 나아가면 안 됩니다

(상습범이시군요 과태료 딱지를 끊겠습니다)

죽음은 작은 소동일 뿐인가요
부과할 것이 없으면 자연과 나를 분간하지 못할 뻔했습니다

영원의 케이크 위에 초를 끄기 위해
때마다 세계를 켜고 돌아오시는 아버지

푸르고 깊은 것은 당신의 첫 번째 일렁임입니다 그러니까 온 세계의 해변에서
울고 있는 눈동자를 묻어두고
도래하는 하나의 심장을
주문합니다

해피벌스
해피벌스

설형

이미지가 지나가면 덫을 놓고 기다리지 실재의 우연한 옷깃을

아버지는 임종에 내 뺨을 할퀴었다 아직도 그 흉터
비명 속에
가장 높은 데시벨로
등장하는
손

나는 지표 위의 지구를 상상한다
또 다른 차원의
눈과 재와 어둠으로만 만든 물질

우리가 존재하는 곳은
우리가 요청한
우리의 일부로만 구성된
요소적 공간

아버지의 손은
갈퀴 같고
아버지는 사자 같고

밤새 우주의 고랑이 파이는 것을 똑똑히 보았지

망각이 휩쓸고 간
무서운 제설차

아무 일 없이 잠드는 고요한 지붕들

나는 모든 평면의 우연한 빗금을 찾아 헤매고
그것은 무척이나 쉽고 미미하고 무력한 주술
횃불을 들면
창에 박힌 들소의 붉은 옆구리

시침과 분침들이
시간에 기스를 내며 떨어져 나간다

완전한 무 속으로 앞발을 세우며 걸어가는 짐승
봉인된 것을 가리키느라 사물은 서로의 뺨을 찢고

우리는 우리가 본 것들이 영원한 입속으로 쏟아져 들어오는 것을
본다
그때 우리는 엎드려 쐐기처럼 찍히는 단 하나의 바닥을 발견하고

2월 20일

  막이 오르고 연극이 시작된다 무대는 얼어붙은 거리 달이 흐느끼고 바람은 2월의 형상이다 그것은 다시 표면을 얼어붙은 물고기 등처럼 만들고 대본은 구겨진 채 굴러다닌다 폐가 굳은 돌멩이들처럼 세계가 출현한다

  인물은 내적인 스토리를 따라가느라 관점이 자꾸 부서지고 막 뒤에서 역할을 바꿔가며 등장하곤 했다 한 줄로 지나가지 않으면 하나의 무대라는 걸 모를 정도로

  그러나 이 공간을 얼마나 사랑하는지
  자기가 만든 세트장에 등장하는 신처럼 겨울이 부족하다고 느끼는 눈송이들
  꽃받침처럼 부드럽고 희게 공중에 떠서 어떤 감정에 몰두하느라 흰빛을 다 써버린

  한 사람이 등장하는 거리
  무대가 철거한 후에도
  연극 속으로 들어갈 한 줄의 연극적인 걸음이 가능한가

하나의 목소리가 울며 지나갈 때까지
음소거 된 귓속으로
천체가 윙윙 돌았다 그는 서서히 미쳐갈 텐데

얼어붙은 바다의 고등어처럼 푸르고 빛나는 비늘들을 삼키고 다시 자기를 긁어내며 한 토막의 이성을 불 위에 던지며

죽음은 개인의 유일하게 노출된 피부처럼 재를 입고 일어선다 모든 시작에 종말을 묻히며 모든 표면에 한 번씩 내려앉으며

순간에서 영원 사이 B의 할 일

  B는 여기 사는 걸까 그럼 내 몸이 저승인가
  밤은 자기 의지를 휩쓸고 서늘하고 딱딱한 감각을 남긴다 사이는 담벼락에 꽂힌 병조각처럼 금기로 가득 찼다
  빛나거나 피 흘려야 하는 것들이 내일 아침을 만들 것이다

  이제 일어서야죠 이제 일 년 반밖에 안 남았네요 소리는 위잉 내부를 만들고 이게 가능한가 반물질 상태에서 만들 수 있는 가장 두껍고 높은 밀도라니 이런 칠성사이다 병 같은 것으로

  뚜껑을 손톱으로 따면 별을 뜯어내는 느낌 교실 책상의 페인트 색 같은 짙고 울적한 녹색이 알 수 없는 믿음을 받치고 있었구나 알 수 없는 자각이 형태를 드러내고

  이곳이 피크닉인가요 어디까지가 회상이고 어디까지 가상인 거죠 죽음은 질문받는 것을 수치스러워하니까 나는 묻지 않는다 나는 B를 잘 안다

탄산은 영원보다 더 오래 숨을 멈출 수 있는 원소인가 봐요 물 안의 폭죽 하얀 투명한 송이들을 보세요 자기 내부에서 곧바로 승화되어 버리는 것들 죽은 자는 눈물이 없지 뚜껑을 열면 바로 마셔야 하는데요

 B는 마시지 않겠다 고개를 젓는다 나도 괜찮아요 병을 놓는다 온갖 깨어짐의 가장 먼 기원처럼 심장이 깨져간다 물질을 손대지 않고도 행위는 진실하지 생활은 자기대로의 궤도를 갖고 있으니까

 짐은 다 챙기셨어요? 흰색의 구식 아답터를 챙기고 검정 잠바처럼 구겨진 깊고 쓸쓸한 밤을 집어 걸쳐 드린다 그것은 꼭 맞다 언어와 응답 사이에 다이아몬드처럼 떠오르는 기표들

 B의 폐는 찢어지는 폐타이어처럼 어디로도 가지 않는 길을 굴린다

사이, 글자를 줍는다, 자기 눈동자를 수거하듯이

밤의 식목

전단지를 펼쳐보듯
읽고 있습니다

많은 밤의 윤곽을 달고
벽돌처럼 무심하게 늘어서서

돌아올 생각이 없는 소실점들이
사방에서 흘러내립니다

건물은 흉몽입니다
잔해가 떠다니는 해변이 층마다 있습니다

늘 고꾸라져 있다가는 그 사람은
좀 전에도 있다 간 사람

길고 눅눅한 한 사람분의 누울 자리가
있습니다

기다림은 길이의 단위이고 하루치의 영원은 삭제됩니다

거리의 내면이 되기 위해서는
본질적인 거리가 필요합니다

빛에 섞이지 않는 그림자가
끝까지 다른 방향을 만듭니다

제한된 세계에 제한된 약속처럼
밑단을 벗어나지 않는 해안선

떨어진 부리를 줍듯이 노래에서 잘려나간
꺾쇠 기호들

깨진 풍경이 있습니다 칸과 칸 사이
풍광처럼 올라오는 붉은 대류가

지상에 접지하는 무덤만큼 큰 중력이

우묵하게 고여 있습니다

함부로 뽑아가지 마시오

눈동자가 있던 자리에
한 사람이 다 끌고 가 버린 거리가

뭉쳐지고 있습니다
구겨지고 있습니다

여름 종화

  고요가 만든 정원에 수사처럼 나열한
  여름 식물의 수평 계보들
  살아있는 벽으로만 건축한 너의 수도원

  부럽고 놀랍고 두렵고 부끄러워지면 얼굴이란 줄기에 매달린 열매였을까

  그는 기도 위에 천국을 만들지 못하면 무릎을 꿇고 가슴이 썩어간다는데 애플수박 복수박 일반수박 망고수박이라는 계시 속으로 검고 보드라운 희생을 밀어넣는 죽은 지렁이처럼

  내가 바친 영혼의 총량은 무엇이었지
  여름은 지난여름의 영원성을 혀 밑에 넣고, 폭우와 작렬하는 것 계절의 학살처럼 여름은 여름의 언어를 단단한 개념의 성벽 아래 파묻고 파괴의 살로 돌아오는 일, 여름은 태양을 과즙으로 채우고 그 잔을 깨트리는 일, 안에 길다란 관을 뉘이고 사지를 부러뜨리고, 그것만이

자기에게로 돌아오는 길이란 것을, 여름은 오직 하나의 일만을 겪은 자들,

  단어가 동일한 그 음소를 지키기 위해 무엇을 감내하는지

  그러나 오직 망각만이
  우리를 순수하게 만들지

  숭숭 뚫어 못 자국을 내는
  그 벌레의 일을

천국에 가까울수록 천국의 성벽은 무너지네

우러르며
여름은 죽는 일
인간의 손바닥 위로

오직 이 죽음만이 기적이라고

너는 고요하고
찬란하고
너의 호명 아래 살아오는 이름 다른 신들의 행렬을 본다

너는 여름의 줄기가 된다
나는 상할수록 간절해지는 눈물 같은 거
붉고 서늘한 방 안으로 불을 켜고

모든 이야기들이 기억나는 하루의 평상 위로 오르는
만찬이기를

손목을 타고 흐르는 투명한 증표처럼
잘라먹고 버린 수박 껍질처럼 나뒹구는 구원이
푹푹 썩어가게 여름의 피 묻은 발치에는

죄와 별자리가 구분되지 않는 천문학의 밤이 펼쳐져야지

감자 행성

거두절미하고

나의 모든 동사에는 부정부사가 붙는다
부사는 사과의 품종이 아니고
동사는 얼음을 닮은 죽음이 아니란 걸
이를테면 얼음 박힌 사과의 과수원처럼
내 가슴은 단어의 경작지가 아니고
풀을 뽑듯 개별적인 슬픔을 기르고 우주적인 율동 안에 느린 허밍을 보태는 게 아니라서 말이지 그러니까 나는 그냥
실재하는 죽음을 알알이
나는 시신의 경작자라서
나의 마음은 슬플수록 생성하는 물방울
모든 동사에 못을 박으면
주체의 버블이 터진다
그는 십자가에서 내려오기 전에는 매달려야 하는데 못 박혀야 하는데
못 박히는 것이다 후두둑 떨어지는 못들을 보았니

그걸 삼키고 정지한 것들이 무엇이 되는지

나는 보았지
우주 끝까지 가서 구툴거리는 표면을
만져 보았지

신비와 공포
하나의 행성에
그 표면 장력 안으로

부재와 실재라지만 그건 다 허구
진짜는
그 사이의 알려지지 않는 어둠으로 채워진 것

난 언제나 신이 자기를 수치스러워한다고 생각해
그는 양극에 빛과 어둠밖에는 만들지 못하니까

내러티브가 없지

그냥 자기 목소리의 예언이 두려워 자기를 방음 장치한 그 달걀판 같은 피부의 안쪽에
 여기가 끝이라고

 몰려선 물방울들
 행성의 그림자들
 (믿을 수 있겠어 막이 없는데 또 다른 자기를 펼친다는 것)

 그의 극단에 세계는 몰려 있지 모든 감각과 시계를 데리고
 펼치지 신의 불능과 부재를

 어차피 나는 놋 가

 이것이 그냥 말들의 이름이고 상처의 순서였으면
 모든 동선을 불능으로 만드는 그 힘 안에

한 줄의 문장은
평서문과 부정문 ; 두 균형을 갖춘다
진리는
어차피 샴이야
심장은 언제나 함께 뛴다 서로의 적을 자기로 인식하며

물에 닿지도 땅에 상하지도 않으며 너는 이 마음을 어떻게
너 이전의 얼굴로 가져갈 수 있겠니 네가 창세인데

강릉에는 못 가 나는 어떤 어둠
구겨버릴까 망설이는 못난 A4의 영혼같이
하나의 음절에 못 박혀
못 간다

너의 초록 행성에는

신의 재가를 얻을 필요도 없는 농부의 밭 한 떼기

태양과 맞서는 품종 다른 작황의 면면들로는

못도 없이
보아
마음껏 휘어지는 초록의 자유의지들

말들의 층위를 만드려고
나는 온 거야
캄캄한 불능의 감자들로

나는 원치 않아

태어났지만
다신

인왕의 방향

 선생님 짙은 귤색의 불씨를 타다닥 틔우고 있는 인왕의 그림자 끝에는
 서성이는 발자국들이 있습니다 비 오는 날에는 움푹한 눈동자가 고이는 드르누운 정경이
 흑흑 흐느껴 우느라 한낮에도 젖은 재색도를 휘감은 인왕의 암릉 위에
 언어의 목젖을 활짝 제끼고
 선생님 그리운 것이 있어 찾아옵니다 실체를 알리지 않고
 다녀가는 그 어떤

 신을 보았던 것일까요 저 잎들은 저게 다 꽃이야 그 그저께는 엷은 자색의 잔꽃들과 또, 같은 무늬의 지누아리 어두운 빛 꽃이불을 두고 끝까지 고민하다 한 채만 들고 왔습니다 제 마음은 두 빛깔의 꽃무늬를 덮고 있나요 선생님은 똑같은 꽃들의 블라우스를 입고 오셨죠 마치 내 마음의 안감을 뒤집어 보이듯이

인왕의 발등에서 우리가 삼킨 것들을 말합니다 저 잎들은 본디 꽃이었던 것이야 뺨과 입술이 얼룩덜룩 빛을 게우고 있습니다 우리가 삼킨 심장들이 뺨에 그림자처럼 너울거리고 꽃 피느라 피 흘리는 시절도 어둠의 잔향을 보탭니다 너는 너무 이쁘니까 사진을 찍을 거야

아름다움을 개척하느라 끝까지 걸어가는 이의 뒷모습으로 이 거리는 생겼지요 두렵고 포악한 자기 환상 속으로 인공 제물을 던지며 인왕은 자기 속에서 환생을 반복하는 죽음이지요 우린 밤의 깊은 아가리에

희끗한 송곳니처럼 서로를 주시하지요 저 살과 뼈를 언제 뜯어 먹었었나 시간은 형체 없이 흐드러지고 인왕의 정상엔 짙은 귤색의 꽃술이 올라옵니다 선생님

말하지 못한 것이 있습니다

말할 수 없는 것은 운율에 싣습니다

세 음절에 세 단어로 열거한 끝에 각운을 실은
느리게 꿈틀거리며 다가오는
우리가 환기할 수 없는 거대하고 두려운 적막 같은 율동으로

압운이 지나가는
압살하는 밤입니다

그가 우리를 통과해 가는 것을 우리는 견디며
흩어지는 그림자를 줍습니다 무수한 떨기 같은 아침을
꽃무늬 원단에 찍으며 덮으며 입으며 우리를 재단하느라 피 맛을 잊었습니다

흰 뼈가 목구멍을 찢습니다

그를 본 자는 그를 말할 수 없게 하는 힘입니다
문장의 오독처럼 우리가 서로를 지껄인다 하여도

유리 노마드

난 당신을 보았어
수많은 거울로 이루어진

당신은 피로하고

폭발하고
폭발하고
누란의 왕조처럼

짓물러진
흰색

우리가
선택한 육체는
우리가
납득한 신체

끝이 없는

시작은 싫다

규격이 맞춰지길 원하고
대기와 구분되지 않을
희박함

이것을 과정이라 생각하자고

끝을 계속
늦추고

끝의 이후로
끝에도
끝의 과정이
어떤 풍경처럼

난 그럴 준비가 되어 있는 사람이고
당신은 그걸 할 수 있어(라고 말한다)

난 얼굴이 많고
모두
하나의 방향을 취한다

당신은
온갖 것들의
소실점

오점
오역
오타

오오오 그걸 겸손이라 말하고 싶지 않고

실패의 오만함

순간이 아닌

모든
잠재력

당신은 너무 많은 당신의 죽음들로
투명해져야 하는

희고

흰빛을 놓친
한없이
엷어진
상념

왜 수동적이야?

질문을 뒤집어 쓴 얼굴로 돌아보네

폐허가 떠다닌다

거울 속에
이 많은 세계를 옮겨 놓고

시

 난 그냥 하늘에 구름을 섞고 공중에 어떤 리듬을 시도하고 싶을 뿐이었는데 중2 때 미술 시간의 가장 근접한 표면에 앉았구나 했는데 그림이 아니라 아버지의 등이었다 언짢아 돌아보시는

 서툴고 제멋대로의 붓질 아래 아버지의 숨이 절벽처럼 붙어 있었다니 마지막 잎새 같은 그것이 가짜이더라도 아버지는 간절히 기다리고 계셨을 텐데 죄송해요 부활을 망친 건 저예요 다음엔 앞면까지 눈썹과 표정을 소매가 나달거리는 벽돌색 그 스웨터까지 다 그려드릴게요

 나는 흑흑 울고 일어나

 고동색 거대한 태양을 빛이 거미줄처럼 이어진 나무와 공기의 혼종으로 생겨난 아침을 그렸어요 이건 눈동자가 맞아요
 투명하고 직접적인 얼굴은 차차 깨어날 겁니다
 나는 부들부들 떨며

모든 시간의 주인들이 들어앉은 유리의 각 층을 와장창
뛰어내리고

도망쳤어요

죄송하고
부담스럽고
찢어지는

가계도를 낮게 쳐진 거미줄을 걷어내듯 하며

제가 이길 수 없는 색과
불능의 팔레트를
감추고
제1의 부동자로 존재하는
무지의 백지로부터

계속 뛰쳐나오고 있어요

붓끝에 말라붙은 물감처럼
저는 그 어떤 것도 복원하지 못하면서
아버지를 떠맡았어요

아버지는 기꺼이 속아 주셔요 (그것만이 아버지의 일이란 듯이)

나는 흑흑 울고

파쇄기 아래로 걸어가는 희디흰 아버지들을 봅니다

누군가는 폭우처럼 흰 비구나 하는데 저만 알아보지요

자기를 써는 마음
작두 아래
구르는 약재처럼

돌아갈 곳마저 버리고 깨끗한 봉분 아래

그 어떤 형상도 감정도 없이 드러누운 시, 시, 시체

얼굴 안의 속도

 아이디와 비밀번호가 같다고 했다 가입 절차는 쉬운 듯했지만 어쩌면 모르는 자격이 부여된지 모르지 너는 숫자로 구성된 얼굴이었고 얼굴을 숫자로 풀어야 통과되는 문 앞에 서 있는 단단한 결심 의지는 어디에서 오는 것인지 모른다 공간을 확신하는 의지에 찬 모서리들

 심장을 꾹꾹 누르듯이 돌들이 반응하듯이 튀어 오르는 벽면을 만지고 벽을 해체하듯이 시간의 얇은 피부를 쓰다듬는 일 행위는 두 개의 감각 사이를 오가는 주저흔 간절함을 바라보기 위해 너는 사물로부터 떨어져 나와

 너는 언제나 똑같은 얼굴로 너는 언제나 똑같이 얼굴 없이 서서
 매번 다르게 만져야만 풍부해지는 해석
 너는 오류의 합산으로 벗겨지며 드러나는 보잘것없는 실체이고 어둠의 찰과상을 보고 싶다 너를 통과하기 위해 너는 손잡이를 들고 너의 바깥에 한 무더기로 내려앉은 투명하고 깨끗한 죽음의 자리

숫자는 이름이 아니라 순서이고 질량을 헝클이기 위해 순번을 바꿔 들고 서 있다

아이디와 비밀번호가 똑같은
망각이 주소인 순간을 만들고

없는 등 뒤로 없는 세계를 감추며 너는 너로부터 떨어져 나가 벽에 붙어서고

항공 봉투

 모르는 사람을 소개받았다 기계와 톱니로 작동되는 룸 전체가 작품이었고 그 사람은 내가 오기를 기다리고 있었다

 공기 입자들이 은은한 소용돌이로 빛을 밀어 올리고 손바닥엔 항공우편 봉투가 놓였다 수신 란에 가늘고 단단한 영문 필기체로 내 이름이 쓰여 있었다 주소 자리는 비었다 발신자의 주소는 봉투 앞뒤로 그득히 쓰여진 시편들 같았다 맑고 검은 별처럼 글자가 가슴을 찌르는 항공 봉투 단정하고 세련된 붉음과 푸름의 깃털들 여기를 열면 저의 설계도를 볼 수 있어요 그 사람은 룸 안에서 기다리고 있었다 동작이 당도하기를
 나는 이해하고 나는 춤을 추고 나는 음악의 결을 찾아다녔다 그 사람은 감격했고 그 사람은 작동했다

 하늘의 측면이 환하게 움직이고 손을 흔들며 떠나는 그림자의 마음을 보았다 빛으로부터 승화하는 반투명의 세계를

나는 금속성 각막 안에 무한의 규격을 접어 넣었다

사랑을 조립하다

모든 날들의 저녁이 내려앉은 얼굴
모든 잎들이 반짝임을 내려놓고
모든 거리가 공터를 만드는

모든 언어가 노숙을 하는 관찰 같은 밤의
모든 별들의 동시적 출현
모든 걸음들이 육체성을 교환하는
모든 스위치를 일거에 내리며
모든 불안의 형태를 만지는 손바닥
모든 심장의 버석거림을
모든 타인의 귓속에서 꺼내가는
모든 고요 안의 군중들
모든 발자국 소리가 한 줄의 예고처럼
모든 시구의 이마를 두드리고
모든 검음은 분별을 마친 이후의 하강
모든 응시를 물끄러미 돌려주는
모든 거울의 전신처럼
모든 상처는 상처를 짓이겨 붙인 엉겅퀴

모든 폭력의 의도를 제 안에 떨구고 외부에 전율을 맡기는
모든 감각의 내적 도달
모든 처음이 번개를 붙이고 달려온다

다정하고 우연하고 한 번쯤 기울어지는
한 바퀴를 돌아보고 떨어져 나가는
모든 시각의 단 두 개의 바늘처럼

모든 사랑이 하나의 불꽃으로
모든 이별의 소각장에 서 있다

모든 얼굴의 숲을 태우고
모든 성냥개비와 성냥갑처럼

모든 하양이
초극성으로 이루어 낸 일

티슈를 건네주고 각자 다른 테이블을 닦고 각자의 재난을

3부

월아천

핏방울은 모래 속으로 들어가지
무색무미 무향한
몸 안에 열반경 변상도를 펼치네

전신이 온전한 모래 사람아
뼈를 열고 달을 꺼내렴
눈을 열고 별을 쏟으렴

발이 수북이 빠지는 밤의 입구다
사랑아, 글자와 마음을 지우고
걸으면 입안에 서걱거려라

뤄양을 지나다

산은 물러서고 아득하고 물은 마르거나 격하네
실재는 그림자 뒤에

문을 열면
환상이 두건을 벗고 다소곳이
땀과 눈물이 떨어지는 신체를 제시하고

이 자를 기억하는가

  산맥과 평조로 이어지는 높은 고원 슬픔 없이 기다래지는 물의 목
  입매를 건들며 돌아오는 질문들은 어느 때의 낯빛을 하고

이 말을 기억하는가

  비와 눈물 가슴 안의 사막을 건너야 하리 부드러운 고난처럼 고성의 난간에 앉아서

우주의 시공이 아니라 함
영원한 게 있다면
사랑의 한이어야 하겠지
공기는 상처를 숨기고

내 몸에 짙은 풀색의 냄새가 나네
내 몸에 부유하는 씨앗과 풀들의 부패하는 들판들

사랑의 증상은 시제의 불일치를 앓는 병이며
시든 옥수숫대처럼 목을 꺾는 석양이며

뤄양 지나네

세계는 꽃잎의 일이란 듯
계절은 능선에 파묻혀

 마주하며 찬탄하던 옛 시구를 몸으로 캄캄하게 닫아 주며 나오는 길

서진 화상 전묘

당신은 오- 하고 있습니다
나는 흙 사발에 흙밥을 이겨 아- 하고

소리가 부스러져 내려앉습니다
공기가 무거워져 낙타 배처럼 우묵하게

눈썹 사이가 지평선만큼 밀려나고
눈동자가 마주치면 반짝이는 게 떠오르고
시간은 입 가리개를 하고 시중을 드네
아-아-아- 깨어지고 오!오!오! 쏟아지는 노래를

모래로 불을 피우고
모래로 솥을 걸고
모래로 차를 끓이고

당신은 무슨 말씀을 하려나 입이 없는데
나는 얼굴뼈가 바람에 무너지네

새들은 목을 꺾고 수렵은 화살을 아끼지 않아
가장 순수한 선들이 노루와 토끼를 풀어놓네
꿈을 무너뜨리지 않으려 지하에 공중을 만들고

우리가 아는 하늘은 착실하게 쌓아올린 적석분
우리가 아는 우주는 당신과 마주한 이 평상

네 귀퉁이 반듯하게
맞잡듯이
오래오래 보아요

오! 오! 오! 모래 알갱이가 쏟아져 나오네
아- 아- 아- 모래 빗살에 얼굴이 패이네

하나의 귀를 기다랗게 열어놓고
다가오는 발소리를 들읍시다
소매에서 사각거리는
죽음이

춤이 될 때까지
이 어둠에 운율을 입혀 줍시다

허리를 굽히고 돌아와 서로를 알아보지 못한다 할지라도

감나무 아래 검은 잎새처럼 물우물 천장에 단단한 열매처럼
신비는 묻혀야 하는 것 생활은 반짝거리고

룽먼

우리에게만 있고 그에겐 없는 것

서로를 건너다보며 이상한 기운에 휩싸일 때

눈꺼풀을 자르고 붉은 지느러미가 돋고 마음이 생긴 것
 물속에서 끊임없이 8자를 그으며 표면에는 우주의 부산물
 빛나는 미립자들

자기 질문으로 존재하는 돌 속의 어둠
 (알겠느냐 모든 어둠은 네게 묻고 있다. 그가 어둠이 아닐 때에도 끝없이)

비로자나 등 뒤로 샘이 흐르고
 보이지는 않지만
 물소리가 들리고
 벽 안의 캄캄한 것이 잠을 모으고 자갈처럼 한낮이
 굴러 나오지

눈썹과 눈썹 사이
우주적인 것이
눕지 않고 앉고 서고 깨어지고 떨어지고 망각을 문지르며
돌의 비늘 속으로
첨벙

당신 눈동자엔
물과 물소리와 구분되지 않는 물고기가 사네

비가 내리네
언어와 피부 사이에

우리가 바라본다면
그날은
색깔 다른 우산을 받치고 관람자의 대열에 서성거리네

일중다
다중일

빗물이 들이치는 빈 팔을 내주며
폭설에 붉은 한 줄의 문장을 떨구고

그 한 사람에게만
없는 것이 무어냐고 자문하고

신체가 아프다
몸 바깥에
몸이 들어설 자리마다

꿈이
이쪽을 들여다본다

눈 속의 작은 감실을 열고 거꾸로 서 있는 부처가

남곽사 여름

여름은 팔다리를 부러뜨리고
노랗게 내장이 빠져나오네

그건 비유도 인접도 아닌
몸에서 곧바로 실행된 일

이야기를 털어내고 세계가
울음의 공터를 찾아가는 길

빛의 그물을 끌어 올리기 위해
시간은 벌레처럼 자기를 갉네

사랑의 의무는 무참한 실패
손상되지 않은 울음

부디 그에게는 묻지 말길
저기, 너를 밟기 위해 위대한 압운이 돌아온다

터져버린 내장을 돌듯
엷은 혀처럼 내려앉는 날개 밑의 폭풍들

한없이 오래된 일을 하는 것이라네
슬픔이 율을 맞추려 몸통을 비운 일

왜냐고는 묻지 말길
말들의 앞에 말들의 눈물을

가장 뜨거운 피부 아래
사랑이 온전하다는 신념을

신념이 생활이 되는
위대한 망상을 남쪽에 묻은 일

이로(二老)

 무엇이든 무어라고 상상하는 것 너머에
당신은 실제하고 있었군요

 천 년 동안 갈아서 만든 낚싯바늘이 푸른 강물을 휘감고 높고 기이한 산맥은 어린 혼의 바짓단을 접어 물고기를 풍덩 튀어 오르게 합니다 가난한 볕 아래 한 움큼 쪽을 진 여인이 장기판을 그리고 당신은 치통을 앓느라 몸이 객지 같네요

 어디서 죽을까 담 아래 국화처럼 전란에 맞설 천둥 같은 압운을 어디서 찾을까 북쪽 언덕의 한 뙈기 밭 아래 그리운 이를 청하고 싶은데 제 그림자를 잡고 늙은 강이 흐르네요

 위로가 되는지요
옛 시구 안에서 빠르게 늙어가는 또 한 마음을

마이지산

 누가 부르는지 짙은 산과 더 짙은 물 앞에 서 있습니다
 깊이와 높이는 마음의 울컥한 작용이라 가늠할 수 없는 어느 심경에 부동의 자세로 서서
 저는 계속 생각하는 것입니다 눈을 반개하여 빛의 농도를 익히며 습기와 메마름 칼날 같은 쪼개짐과 흐르는 붉은 기운을 환영처럼 펼쳐지는 감각을
 생각해 보는 것입니다 손발이 깨어나고 입꼬리에 미소가 매달리고 가슴에서 쩡쩡 번개가 치고 감각을 모으면 태어나는 사람들
 측은지심으로 꿈은 살짝 벌어진 눈꺼풀이 되었습니다 당신은 제 앞에 당신은 허공에 작고 검은 감실 안에
 우리는 자리를 바꾸어 옮겨 앉아서 붉은 빛과 번개가 섞이는 사랑 안의 찰나를 다녀와 보는 것입니다
 중력을 다 굴러낸 작은 판자를 연이어 놓고 구름과 흰 새와 하얀 심장에

밤 속의 낙양

 어떤 이가 신발 한 짝을 내밀었다 밀랍이나 비누로 깎은 듯도 했고 부드럽고 매끌거리는 표면이 새들의 깃털과 침을 섞어 굳힌 듯도 했다 이걸 신고 가 보겠냐고

 깊은 물 너머에는 큰 배가 있었고 불그레한 나무판자가 몇 장 널렸다 그리고 불길한 부유물들
 그것이 떠오르는 알 수 없는 생각들이라는 것을 알게 되면서 그 생각의 주인이 누군가 한다

 저녁의 끝은 낙양의 처마 끝에서 시작하고
 중얼거리며 빗방울 흘러내리는 공중의 커다란 구기자
 밤은 줄기를 뻗어 7언 율시를 거듭거듭 이으며 붉은 빛을 바닥으로 흘러내린다

 택시 기사는 중화 방송을 틀고 옛 드라마를 애청한다 저기 무측천의 거대한 정강이가 미끄러지듯 지나가고

 권력은 예술을 참칭하다 스스로를 참수하고 평등의

돌덩이로 굴러다니지 인민이 익히는 정신은 피 묻은 머리통 낙양의 야시장에 거대한 흑지 위에는 붉은 압운이 내걸리고

  양꼬치 굽는 연기와 뜨거운 우육면 즙이 가득한 설산 같은 만두와 혀를 휘감는 불의 권유 그것들은 작은 그릇과 좁은 테이블을 채우고 자기들의 대륙을 완성시켜 간다

  그대는 누구라도 변방 같아
  서쪽을 보며 가끔은 울게 되지

  토성 같은 마작을 팔 안에 세우고
  쓰러지고 일으키는 일이
  사랑의 일이지 옛일을 다듬고
  낙타의 발굽을 화인처럼 이마에 박고 미인이 지나네

  문드러진 석굴의 팔다리가 밤을 묻히고 물의 부처는 몸을 질질 끌다 길 끝에서 일어서고 빈집에 불이 켜진다

나는 그대를 생각하고 눈썹 없는 처마 아래 누각을 마저 잇네 신발이 흘러 새벽 창에 다다를 때까지 내가 한 번 다녀온 사랑

 붉은 구기자 구기자 빼곡한 율시 같은 한 사람의 얼굴에 적혀 있는 밤

용문 석굴

 반야는 부증불감이라 하셨지 눈썹이 구름에 흐르고 움직임은 바람에 섞이고 말은 네가 떠오르는 벽 위의 그림자
 그러나 긴 문장 지우고 한 줄로 누운 반야를 보네 그의 몸은 희고 반짝이는 것들
 마음을 파고드는 일이 있어 몸 안의 돌을 찾으면 마음이라 할 수 없는 곳에라야 걸어 나오는 사람이 있네
 반야는 부증불감이라 하셨는데 이토록 긴 절벽에 감실과 방들 항하수 모래알만 한 광물성 기공들 손톱 크기로 불상을 조각하는 마음 아닌 마음
 희고 반짝이고 흐려서 비 오면 더욱 명징한
 반야는 부증불감이라 하셨는데 마음 없는 것이 얼굴을 찾네 수를 넘어서는 불국의 무한한 타자들
 오직 내게서 오지 않아 낯설고 놀라운 그이의 영원성
 각기 다른 미소가 각기 다른 잠을 이끄네 너하민 더할수록 많아지는 한 사람에게 몰려드는 불멸의 개수들

붉은 방의 붉은 석류

꿈에서 석류알이 짓눌리는 일이 있었다 팔꿈치에 밀려 투명한 즙을 내듯 으깨지는 붉고 반짝이는 그 어떤 오만한 여성성을

귀비의 긴 손가락이 천 년을 뻗어 간밤에 내 창에 매달고 있던 석류 한 알. 오, 나의 실수 네 것을 다시 가져주겠다 하고

여산 그 아래 화청지 해당탕 네 귀퉁이 머리카락처럼 날아 올라가는 누각과 미래의 변고가 총탄처럼 박혀 있는 전각 떠오르네

세계가 우수수 무너질 때 버들 아래 물그림자 태양을 못 속에 처박고 머리통처럼 굴리며 놀았지 미끌거리는 비늘 같은 몸을 섞는 일이 정사를 돌보는 일에 갈급해 물에 불을 때고 동포의 손발은 땔감이 되고

연리지 비익조 사랑은 천 년의 공연 주제 실상을 장막

으로 가리고 권력과 성애가 아크로바틱을 즐기는 물침대를 관람해

  저 붉은 건 피가 아닌가 하는데
  그게 피인 거냐고 여전히 비웃고
  155센티 70킬로 암내가 토할 듯 했다던
  반은 자본 반은 창기인 귀비의 편에서
  너는 허튼 문장으로 이름을 파는 궁 안의 환관

  백거이는 심중의 사랑을 원문에 묻었지만
  너는 본심이 긴 가지 끝에 가짜 열매를 달고

  귀비의 걸음으로
  내 창을 두드리고

  나는 환관의 머리를 부수듯 으깨어 보는 것 한 알의 석류

4부

을불을 보다

 기이한 꿈 창으로 검은 두 개의 구름 들어왔다 나갈 때 하나가 남는 꿈
 기이한 꿈 검은 약물 먹고 검은 빗줄기 내리는 꿈 검은 못에 검은 토란잎
 구르는 검은 구슬들 검은 새들이 날개를 펴고 홰를 치는 꿈 먹물 같은 입술에
 검은 시구가 흐르는 꿈 기이한 꿈 검은 탑에 자리 반을 나눠 앉히던 꿈
 검은 빛을 쪼개면 세계가 흘낏 나타났다 들어가는 검은 돌 속 같은 꿈
 모음들이 벌어지는 텅 빈 아가리 같은 검정 구덩이의 꿈 기이한 꿈
 눈을 떴다 감으면 그대가 아니라는 꿈 진흙처럼 흐르다 보릿단처럼 쌓이는 꿈
 섬은 안개 속에 붉은 눈시울 속에 다른 이가 다녀가는 꿈 가슴에서 검은 구름이
 빠져나가는 검은 이야기를 들려 주는 꿈 잘 보아라 사랑이 지나간다 지나간다
 지나간다는 꿈

패왕

　우리가 기이한 열감으로
　공중의 혀 안에 놓였다고 느낄 때 우리는 사랑 외엔 발음할 수 없는
　하나의 사상으로 섞이고 그것은 세계를 구축하고 그것은 또 다른 허공을 찾아
　자기를 부수며 한 사람의 어떤 순간은 모든 시제에 잠재한 최후
　뼈가 사라진 소매 끝에서 알 수 없는 운율이 넘어오고
　폐허는 우리가 사랑한 진정한 육체 고요 안에 웅크린 짐승 우는 모래알
　어떤 순간은 너무 무거워 무게를 잊고 존재하고 존재를 지우고
　죽음과 영광이 동시에 등장하는 눈코입을 하고
　검정 기름띠처럼 그 얼굴에 분할하는 마음으로
　어떤 순간은 소멸과 함께 미래의 표면이 무너져 내린다 그것은 쌓이고 이동하고
　어떤 순간의 패망과 열망이 한 호흡에 담겨
　너를 부를 때마다 너는 죽음에 가까워지는 것 같다

그런 순간들 그런 순간들

환멸을 넘으려 영원이 허리춤에서 칼을 빼네 우(虞)여 우(虞)여 너를 어쩔 것인가

사랑은 너무나 미미하고 너무나 한갓진 모래 더미

한 사람의 가죽 부대 안에 쏟아놓고 움직이게

어떤 순간은 자기를 지우고 그 여백으로만 세계를 부풀리고 구르다 꺼지려

아는가 두 개의 소도구가 던져져 있는 강물

몸을 끊으려

칼과 심장이 서로를 껴안고 하나의 호명 앞에 불려 나온다 꽃송이를 뚫고 올라온 줄기처럼

어떤 순간은 기나긴 파탄의 첫 대면

죽음이 회오리처럼 몰려 있는 얼굴을 마주하며 서 있다

신기루 같아

퀘스천은 작은 귀 모양을 하고 있습니다
뜻 없이 뻗은 가지에 걸린 초승달 같구요
삼라를 헤아린 후에 돌아나는 저것을
무어냐고 물끄럼 한 수월 관음 심경 같구요

귓불에 찔린 언약의 궤처럼 쨍그랑한
잊혀진 가요의 상형문자 같아
손가락으로 한 번 그어보는 사막의 유적이군요

발굽이 깨진 순례의 영혼 같은 것
비 오듯 하냥
모래가 쏟아지는 누구 깊은 잠 속의 일 같아
퀘스천 퀘스천 가는 길에 묶인 구마라습처럼

지면은 의문을 품고
지장처럼 신체의 인장을 찍습니다
그는 몸이 없고 그는 지구로 쏟아지는 온 우주의 돌들만 남아

덜컹거리는 귀처럼

소리가 되지 못하는 광물들을 쓸어 담고 있습니다

귀가 열리면
그 전에 울음이 있었다는 거예요

다 두고 왔어요
울음 고운 산을 우린 만들고
눈물은
오간 데 없이 지층 안으로
또 다른 눈동자를 만나게 합시다

슬픔은
얼굴을 만나아
최초의 신체를 복원하는 거지요

퀘스천 퀘스천

사랑은
모호하고
갸웃거리고
하룻날에도 지형과 고도가 바뀌고
그러나 오직 어떤 소리가 있어

우리는
쓰러집니다 굴러갑니다 축적됩니다
답하지 않아도
홀로 일어서는 빛처럼 눈꺼풀 사이 환영처럼

퀘스천 퀘스천 먼 데서 반짝이는 것을 두고 있어요

둔황객잔

우린…모두가 누워 있으니까 땅도 하늘도 물도

눈꺼풀은 세로로 열리니까… 각 시대가 한꺼번에 걸어와

하룻날 짐을 풀겠다고…

우린… 겹겹의 눈꺼풀을 열고… 반투명의 회랑 안으로…

길쭉한 사각형의…꿈의 골조는 똑같아… 치우지 않은 술병 몇 개…

우그러진 재떨이… 빛과 먼지들의…그득한 중정

우린…두리번거리는 거죠…이층엔 이족의 살결이 가깝고 …좁고…

관능적인 공중의…복도…우린…

여기가 끝입니다…결국 '여기'입니다…사건과 다심과…

환각의…

우린…
헤어집시다…
여기서…
공감각적으로…

얼마나 걸어왔는지…하서회랑을…가장 **빠른** 은빛 날개로…손발을…
끊고… 기계 심장으로 …이별의…합의를…

죽은 자들이 대신하게
죽음만이
우리의 변론…이도록…

우린…
해체와 분열과 소멸의
신체의
진정성을 얻읍시다

폭우가
모래가 되도록
하지 못한다면
당신은
가짜인 거죠…

사랑이 이렇게 단순해
우린…

너는…너를 압축하지 못하면 너가 아닌 것이다…

나는
단면을 맛보기 위해
모년 모시의
친체를 굴리지

투명한 돔 아래
부장된

모래의

하룻밤
불길한
별자리

누란의 흰 꽃잎을 한 겹 두 겹 접어
방방마다
나르던
객잔의
여주인

그녀와…잠드는…꿈으로 우린 영원한 이별을…우린 분리되고
해체하고 소멸하고…우린…

우리라는
죄악으로부터

우린
놓여나

최종의 감정을
객잔의 여주인처럼

쓸쓸해
젖은 머리를 긴 수건으로 올리며
또 손님을 받는

세로금이 많은 불투명의 잠 바깥에
쓸쓸한
낙타처럼

 사랑…사랑…이상한 방울 수리가 울리는 색산이 서죠… 흙으로… 빚은… 불빛이… 불면이

잃어버린 팔찌

 밤은 종종 알 수 없는 꿈을 꾸고 일어나면 창밖을 보듯 미래가 펼쳐지는 느낌 그럴 때면 심장이 덜컥거리고 마음이란 가느다란 레일 위에 미끄러졌다 돌아오는 기차표 같아 여기 앉아 물끄러미 바라보는 행인처럼 세계는 그의 시선으로 그려지고 남겨지는 무엇인 것 같이 객차에 종이처럼 몸을 구겨 넣고 흔들리는 그 어떤 감각들을 오늘의 표면 위로 손바닥을 쓸고 가듯이 도톨하게

 지금 네가 만진 것은 너를 너 아닌 것으로 치환한 것들 너는 결국 너의 꿈속에서 무수한 너 무수한 팔목 무수한 손목 얼마간은 소유할 수 있다고 생각한 것도 불능을 시각화한 것뿐이라고 사라짐은 눈보다 빠르다고 나란히 차창에 붙어가는데 처음부터 한 사람은 없었던 것처럼 너는 계속 이름을 바꾸고 지나가고 이것이 시작인지 끝인지를 모른다 그 사람을 생각한다는 건 창에 머리를 부딪치며 피로한 철길 위를 내려가지 못하는 물체 같은 사랑을 생각해 보는 일

 한 번쯤 감아 보았던 운명 같은 작은 구간이 있었다는

뜻이지
 가슴이 하는 일을 밝힌다
 물체의 알 수 없는 의지를 홀로 애도하는

 비물질이라 생각했던 것들이 떨어져 나갈 때 귀는 태어나고 청음을 갖고 자기의 이름을 밝히는 죽음의 입장을 들으러 너는 어떤 입장 속을 통과하고 우리가 잃은 것은 우리로부터 파생하지 않은 유일한 것이 된다 천 개의 손에서 일제히 툭 하고 떨어지는 소리를 만드는

 고속열차 좁은 복도 위에 까마득한 상실 속으로 빛의
뼈가 툭
 부러지네
 불의 얇은 손목 위로 부재의 팔찌를 돌리며

 없는 너의 가슴 위로 없는 불꽃의 환을 놓으며 한 바퀴 돌다가는 자귀와도 같이

너는 손목이 뜨겁고 아프고 너는 우는 손목을 가지고
청음과 촉각과 너의 무엇이 전소하는 긴 전각의 냄새를

쇳내를 내는 꿈을 내려오지 못하고
둥글고 텅 빈 움직이는 너의 소멸을 반짝이며 이것을
어디에 놓을까 생각하며

잃어버린 모자

 모자에 대해 말하고 싶군요
 우리 모두가 사랑하고 지켜보았던
 그 시간의 모자 말입니다
 꽃받침 위에 꽃이 올라앉듯이 제 자리에 올려지기 위해
 순수한 공여로 만들어진 작고 우묵한
 신체를 맞이하는 가장 높고 둥근 허공의 외곽에 대하여 말입니다
 당신을 더욱 설레고 더욱 우수어리게 더욱더 당신으로
 이끌어 주던 조용한 표지와도 같은
 우리 모두가 사랑한 당신의 모자에 대하여

 명사산이 하룻날에 움직인 모래의 음들처럼 마음속
 돌개바람이 끌고 간 하늘의 어느 모퉁이처럼 홀로만의 음악과 날씨를
 빙글빙글 떠 올리며 시간의 정수리 끝까지 날아오르던
 우리들의 가장 부드러운 곡선을 담당하던 당신 머리 위의
 우리가 사랑한

그 모자 말입니다
둔황의 밤거리에서
마음속 빗물을 받으며 내가 왜 젖을까 사막의 꽃씨들은
얼마나 오래 자기를 상상하며 자기를 기다려 왔을까요
머리 위에
떨어지는 꽃잎처럼
그것은 한 겹
당신 머리에서 스르륵 미끄러지고
산을 넘는 바람을 따라 더욱더 높이
사막의
얼굴에 바쳐진 황량한 폐허와 매월 깎여 나가는 달과
상상의 몸을 세워 두게 하는

사랑스런
사랑스런
우리들의 사막의 모자 말입니다
모래 안의 유골처럼

밝혀지기를
거기 담긴 꿈과 방랑과 눈물의 높이를 반쯤 모래에 파묻고
스스로를 발화하고 있는 그 시간의
영원한 분리에 대하여 말입니다

그것은 우리를 기다리고 그것은 우리를 부르고 그것은
둔황의 일부가 되었다는 말을 하게 되기를
오늘 밤 우리의 머리 위에는 사막의 별들이 빼곡하고
당신과 끝없이 모자에 대하여 말하고 싶군요

막고굴로부터

얼굴이 흰 여자가 찾아왔다
납 칠을 벗기면 그대로의 종교로 버텨야 하는
원시의 맹목이

진리와 영원은 빛의 구성체라는 은색의 신념이

시간의 전경을 깨고 찾아왔다
얼굴이 흰 여자가

입구는 질구처럼 좁고 길고 무섭고 약간 비틀린 입술 속에
흑백 얼굴 같고
무어라 악을 쓰는
피를 다 쏟은
흰빛의
조직으로 간신히 자기를 각인하는 영악한 퍼포먼스 같은

흰빛의 얼굴로

나의 지옥도를 펼치며

꿈에

얼굴이 흰 여자가 그 어떤 것의 답일지라도 그것이
사랑으로
귀결되는 거라면

보류하세요

그건
존재의 클리쉐예요 라고 말하며

시간은 타클라마칸 또한 시간은 너의 고비를 지나 너의
자연을 찾아가는 로드
은색의 자취가 있지

한때는 실체였던
마음의

기나긴 만트라
숨을 한 번 훅 쉬면

우리는 원형으로 돌아간다
납 칠이 벗겨지고
본연의 자연이 되고 싶은 장소의

천 년이란 시간은 한 장의 껍질 같고 내 피부의 게으른
두께 같고

얇은 박피 같은

본질적인
처음을 상기하는 긴 협곡과 사막을 의미 없는 그악스런

미학의 폭력으로부터
그 주제에 대해서

그걸 가볍다고 반응하지 말고
압도되라고
붕괴되라고

죽음 아니면
사랑이겠지

은색의 납 칠이 벗겨지고
검을 때
오로지 하나의 은빛, 각막을 찢고 존재는 이렇게 등장,
정면의
 공포를 삼킴

샤오핑요

공중에 떠서 흐르던 천수
벼랑에 몸을 붙이고 두보도 다녀갔다 했지
자줏빛 낮 안개 속
다만 객사가 큰 두려움이었다던
길에서 멈춘 사람들
그들은 시가 되거나 불상이 되어
허무의 표석처럼 서 있네

*

먼지 이는 난전에 우그러진 양철 대야
하루의 가장 커다란 상징이 피어 있는 곳

그것은 빛을 씨앗으로 바꾸는 힘
애벌레처럼 희게 살이 오르는

죽은 대륙을 들어 올리는 작은 소년과
나선형의 둥근 회오리

*

나는 홀로그램처럼 네 앞에 서 있네
이마에 검은 글자들이 흘러내리네

테라코타 영혼

앞 열은 천으로 만든 옷을 입은 병사들을 세웠다

진흙은 물결처럼 흐르다 가슴에서 굳었다 살과 흙과 불이 엉킨 채로 그가 포기하지 않은 섯은 강력한 체제와 군율 화살이 지나가듯 시간이 그를 관통하고 흙집의 문풍지 소리는 빚다 만 등잔 속에 고였다

어느 때인가 몸속에 어두운 천체가 꽉 들어차는 것을 보았다

이것이 유일한 감각의 징후라고 생각하자

이 감각을 끝까지 지키고 있는 것이 제1열의 전투 두개골이 뽑히고 척추가 부서져 나가고 장기가 진창에 섞일 때 눈동자가 웅덩이에 마지막을 쏟아놓을 때

하얗게 돌아와

우리의 바깥에 어떤 기척을 내는 것을 진의 마음이라 하자고

어둠이 밀도를 높인다

비명보다 더 그윽하게 별들이 떠오른다

공유되지 않는 각자의 전장을 갖고 알 수 없는 미소를 지으며
끝없는 전투를
끝없는 평원을

눈 뜨고 전멸하는 계절처럼

지하에 묻은 약속처럼

태양은 우리의 합의와 공조 속에 떠오르고
우리는 중심의 기울기를 정하고
우리는

얼굴의 쓰임을 적어놓는 그리운 수공업
테라코타 영혼들

공평하게 도래하는 것들을 생각해 본다
이 모든 불가능 속에
상상만이 또렷한 현재

독점을 깨고 와르르 무너지는 구체의 의지를
금관의 지붕 아래 네 마리 말을 몰아 미래가 몰아치는
방향을

수은의 강을 지나
흙으로 빚은 물고기 흙으로 피는 구름 떼
우리는
무엇의 반영으로 심장을 꺼내고 주고받는 행위를 멈추지 않나

사랑이 품을 팔아 누벼 입힌 무명천을 입고
그것이 하나의 가능성이라면 미지로의 입실을

그리고 잠시 빛을 얼려

5부

있다

미안
나는 너가 무슨 말을 하는지
몰라
너가 우리들의 전위여도 되는지
몰라

넌 좋은 시절 좋은 평판 위에 먹방처럼
태어났어

하지만
미안
우린 너의 출처를 알아

슈퍼챗 이빠이
메이저를 업고 이빠이

우린
운율에 취했어

내용은 고통이니까 스타일에
이빠이

멋있더라
시대적 한계를 넘어
내용을 탈피하는
형식적 결정

결정적 형식
멋있더라
흉내 내고 미래를 내면화하고 싶은 병신 같은
오늘의
육갑이

너무 놀랐지

육갑의 옴니퍼턴트

난 궁금하지
네 영혼의
보폭
걷니 날으니 뛰니 축지하니?

상상하면 미래가 되니까
미래를 상상하는 자본을

우린 뛰어넘지 못해
그냥 너를 두고 보는 거야
채집된 듯이

한때 나비였던
한때를

상상하는 나비처럼

여긴 네가 상상한 하늘이었니?

나는 모른다
굴복하는 심정으로
여기 있다
이건 아닌데

잡다

가을. 그 눈동자에는 가을이 실리지 않아도
완연한

우리의 모든 일탈과 어지러운 문장의 관형은
가을. 높고 높은 푸르고 깊은 형용의

물과 땅의 뒤바뀜
불가해한 죄를 수락하러
난간에 기댄

나는
당신을 너무 사랑하는 거 같아
이 가을에 너무 잘 어울려서
한시바삐 늙고 싶어
새파랄 때
죽음 죽음
그러면서
그게 예술인지 알았지

열 손가락 피가 흐르네
열 손가락 생혈을 묻히네
열 손가락 짙은 끈적한 생혈
열 손가락
세계에 동의하느라 면도칼을 빗발처럼
열 손가락
그게 가능해? 조롱받는 열 손가락
그게 586 끝머리란다

신념의 꼬다리에서
혁명의
순서를 기다렸지
뼈를 갈아 넣으며 순정은 늙네

나를 지탱해 주는 건
나를 위한 허구
내 사랑

뚱뚱한 냄새나는 시간에 쫓기는 일당 같은

기이한
혜량
너의 짧은 페니스를 함구할 이는 나밖에 없지
그것도 권력 같아
사랑은 전체주의의 종국과도 같지

영혼의 속성은
겨울을 위한 준비
작은 호롱불
작은 온기
작은
임종의 침상을 마련하는 일

손이 얼까 봐
손을 안으며

두터운
손이 내려온다
푸르고 깊고 높고 청명해지는
감정이

자기를 지우느라 푸르고 높고 자기가 아니어야만 하는 그
어떤 사랑으로

먹다

낮에는 작곡하는 사람 옆자리 악몽
저녁엔 연극하는 사람 옆자리
내가 이것까지 해야 해
작품명

일단은 다 올려요
라고 말한다
퍼블리쉬는 무섭고 설레고 공포이고
현타다
빳
일단 해!!!!

너하고 나하고
21세기
혜성이 몇만 년 주기로 스치고
태양계 밖으로

빳

일단 올려
난 사실 빛의 입자
난 사실 악의 원자
선악은 라임을 맞춰
난

이렇게 쓰일 줄 모르는 것까지가
자유의지로
존재하기로
신과의
계약

내 피부는
사인의 잉크가
마르지 않은
원료

색의 곰팡이

증식한다
밧
우주는
존재의 필터를 통과한 현상

약간 비문을 읽는 듯하다
약간은
생성하는
눈동자

골뱅이 소면 하나 시키자
아니
그건 비싸
네친 순두부
기포 많은 기표 안에 앉은 실재
허공의
근친성
근친상간 같은

이 모든 공백을
예술이라 부르자
어떤 얘기가 전개되면서

그래서
있잖아
내가 해 줄게

영화처럼
압축해 줄게

씻고 죽이고
난 진짜 잘했다
과정을 다 부정할 필요는 없고

거기서 빠져나올 수 있게 난 도와줬다

짠! 합시다

보다

 점과 점들의 집합 그것을 얇은 띠처럼 밀도의 크기와 팽창의 방향을 지시해 그러면 모스부호처럼 띠 띠 딱 띠 뚜우 뚜우 우리는 1차원 세계로 돌아간다 만신이 점상 위에 쌀알을 흩뿌리듯 길흉화복에 순간의 우주가 휩싸인다 위이 잉 울음은 너를 평면화하고 기억은 우리를 입체화하는 힘 너는 사지를 달고 걸어나가네 탈장처럼 3차원의 환경 안에서 서로에게 병명을 붙이지 그것은 감정의 기원이 된다 간이 굳었니? 노여운 자여! 폐부를 찌르는 무언가가 있었니? 슬픔아! 너의 얼굴에 빙의한 것들 나는 점점 균형이 깨져가네
 나는 자유의 비대칭이야

 나의 한쪽 눈을 파내고 나를 지켜보는 당신 눈을 집어넣었지
 왼쪽의 사시는 나를 지켜보는 외부
 기이하게 길고 휘어진 코를 중앙에 늘어뜨려 우리 중 하나는
 침묵하려고 입을 지우고

얼굴은 복숭아처럼 아래로 짜개지네 폼페이의 농부여
사랑은 영혼의 낙서가 맞다

다시 점처럼 용기를 내어 띠처럼 다시 윤곽을
여기 내 사랑이 나의 기형으로 포개지네
사건은 평면을 지향해
단순한 문장처럼

무심히 읽히기 위해
격렬한 실패처럼
수치에 가까운
낙서. 무수한 점들의 무수히 지워진 폭발 창조의 최종의
감정 같은
나를 볃쳐든다 지옥을 이해한다

든다

니그로의 마녀 그 사이의 목화 운명이 너를 담고 있을지라도 멈추지 않겠지 자라나는 사지와 심장을 검은 화차 속에
 던지는 일 유색 광택의 땀이 흐르는 노고의 오후

 영원은
 자해의 과정을 끝까지 늘인
 미분적 죽음이었다

 너의 첫 순간에 어떤 결행이 종결을 비껴가는 비루한 구름
 구릉 주저앉아
 자족하는 그늘 자위만이 진실한 기쁨인 자기만을 반복하는 주선율 빛의 직진성을
 각인하며

 어떤 광활한 음역대 안에라도
 사랑은

점차 흐려지네 약소해지는 유령처럼

화차는
지구를
나르지

사랑과 의무와 폭력 사이를 무한한 사지와 심장과 땔감과도 같은

탈선을 모르는
순수로

노래 안에 거주한
신의 핟빛로 허밍하네 환멸 같은 신성을

가야할 곳을 잊지 않으려
지구여
타투한 니 몸이 보이네

상상할수록
사라지는
그들처럼 너도 그 순간을 통과하는 거야
대갈통 짜개지는 순간이
빛의
긴 염원이란 걸

꽃 별 사랑 영원 그건 긴 길의 조약돌 혹은
술과 약에 취한
달처럼 부은

오! 가장 가엾고 부은 사랑에 우리는 정주한다 영원보다 더
먼 하나의 문장을

검은 폭발하는
돌이킬 수 없는 무엇을 지향하여

하나의 형태를 제안하지

그것은
잠시
어둡고 단단한 절망의 신체를 취한다 희고 보드라운 물질성을 수락하느라

뭉개지는 노역들
검거나 흰
피부 아래 태양 부푸는 열기들 나는 더 크게 부푸는 의혹의 아래에

의문 없이 희고 짜개지는 정수리를 하고서 가장 흐릿한 꿈을 네게 옮기지 석유과 같은 젖은 빛 사이로

이것은 환상
이것은 환상

가다

  한 방울의 물방울은 어디에도 닿을 수 없지
  자면서도 한 방울의 중심을 꽉 잡은 물방울의 꿈은 단단한 고체적 풍경 금속성 한낮의 주물 아래 잿빛 뺨을 드러내고 한 방울의 물방울은 물방울의 표면으로 나아간다 그의 눈은 모든 시각적 세계를 꿈의 성분과 균질하게 나누고 살아있는 벽이 되고 존재는 얼룩과 같다 그는 잠시 망각의 망막 위로 떠올랐다 사라지는 글자의 기입 아래 아무렇게나 출현하는 섬광 한 방울의 물방울을 되살리는 다량의 문장 다발 완전한 증발 안에는 죽은 자의 투명한 손가락들 자기 속의 무한자를 얼마나 늘이고 있는지 돌아보지 않는 물방울 물방울은 한 방울의 전위 깊이라는 건 상상의 두께일 뿐 상상적 두께를 옆구리에 끼고 흘러내리는 그 한 방울의 세계적인 장악과 복속된 슬픔을 머금으며 전방위적인 풍경으로 걸어오는 물방울은 살아있는 벽 안의 한 방울 어디에도 닿을 수 없어 우연의 높이에 고정된 음표처럼 상상의 호명처럼 소리를 촉지하며 닿을 수 없는 신체 안으로 들어가지 않고 서로를 잡고 서 있던 어느 명한 텅 빈 이별의 증식들 우주를 발

명하는 어느 한 방울 우리가 어디 있나 그렇게 천애고아 같은 신을 발명하는 어느 한 방울의 물방울

| 산문 |

1974년 6월 경포

함태숙

　1974년 6월 경포였다. 그러나 존재의 좌표는 실재하지 않는다. 소멸하는 모든 것들의 순연한 그것처럼 포착되지 않는, 다른 우주 안의 어떤 것으로서.
　나는 무엇을 응시하고 있는가. 어쩌면 내 앞에서 드라마타이즈하고 있는 신의 분할체를 대면하고 있는 것인지도.
　내가 긋고 있는 빗금과 동그라미의 형태들은 진실의 입자들로 그대에게 전사될 것인가. 언어를 출현시키고 나면 그대는 어떤 감각의 응결로 그 자리에 프레임을 들고 있을 것인가. 1974년의 경포를.

　모르겠다…

　나의 디오니소스는 자기를 찢는 풍경인데.

사건의 내장을 가르고 흘러내리는 투명한 입술들을 주워들고, 모래처럼 묻은 말들을 그러모을 수 있을지. 나는 아직 탄생하지 않은 것인지 모르고, 어느 하루의 일기와 그날의 우연의 집합에 웅크린 벌레 같은.

 하나의 장면을 본다. 순간을 쪼갠 것이 감정이라면 이것은 설레임에 가깝다. 재앙이 당도하리라는… 그때 각자는 꽃 피리라는… 세기말 증후에 다양한 빛의 발화로 응수한 사막의 꽃처럼. 우리는 얼마나 원했던가. 병리적 형태로 자기를 드러낸 신의 죽음을.

 모르겠다…

 그 어떤 말도 하고 싶지 않다.
 말은 폭력이고 언어는 우리를 지배한다. 최초의 언어는 최초의 억압이지.

 가능하면 어떤 분열자가 광인의 힘으로 우리를 끌고 가주기만을 바랄 뿐이다. 그것은 어떤 사유와 환상보다도 더 강렬할 테니까. 그의 강도적 힘으로 존재의 피부를 찢어주기를 바랄 뿐이다. 시간을 조롱하는 공간, 공간을 집어삼키는 순간의 총화, 시간의 기절, 시간의 패배…

모르겠다…

우리 모두가 각자의 의식이 없던 시절에, 이것이… '자기'라고 들이밀고 나오는 어떤 사태에 직면한 존재라는… 신의 무한 오류를 무한 책임져야 하는 단 한 명의 개체성으로 등장해 왔다는 사실이…

하지만, 난 매혹되었다. 여전히 나는 어느 하루의 기이한 조합에 사로잡혀 1974년 여름의 경포에 머문다.
 응시 외엔 어느 실체도 없는… 무한에 가까운 슬픔과… 기다리는 재앙의… 길어진 오후의 설레임으로…

아버지는 소꿉장난하듯 첫 아이의 옷을 입히고, 갈래머리 땋은 여학생의… 자신의 미학적 형상을 그 작은 '벌레'에 이입시키고, 자랑스러워하셨다. 자신이 만든 피조물이 눈앞에서 순순히 자신의 주이상스를 실현시키리라는 확신에… 아버지는 과잉된 포즈로 카메라 맨을 부르고 1974년 6월의 경포는 유일한 신의 현현이 된 것이다… 파도에 휩쓸리는 모래처럼…

모르겠다…

다만, 한 장의 사진이 남았을 뿐이고.

아무 말도 하고 싶지 않다.
사건과 서사가 무슨 소용일 것인가?

다만, 아버지가 내 머리를 비뚜름히 닿으시고, 말하신다.
"저길, 봐!"

시인수첩 시인선 094
나비 증상

ⓒ 함태숙, 2025

초판 1쇄 인쇄 2025년 3월 18일
초판 1쇄 발행 2025년 3월 25일

지은이 | 함태숙
발행인 | 이인철

펴낸곳 | (주)여우난골
주   소 | 서울특별시 강남구 언주로30길 27. 606호 (도곡동 우성리빙텔)
전   화 | 02-572-9898
팩   스 | 0504-981-9898
등   록 | 2020년 11월 19일 제2020-000328호

블로그 | blog.naver.com/sccnote
이메일 | poetmemo@naver.com

ISBN 979-11-92651-34-7 03810

* 파본은 구매처에서 바꾸어 드립니다.